Bibliografische Information der Deutsch

Die Deutsche Bibliothek verzeichnet diese Pu
bibliografie; detaillierte bibliografische Datei
nb.de/ abrufbar.

Impressum:

Copyright © 2000 GRIN Verlag GmbH
Druck und Bindung: Books on Demand GmbH, Norderstedt Germany
ISBN: 978-3-656-45275-1

Dieses Buch bei GRIN:

http://www.grin.com/de/e-book/3549/beratungsmodelle-fuer-die-paedagogische-
praxis

Otto-Friedrich-Universität Bamberg

Sommersemester 2000

Seminar: Gesprächsführung

Hausarbeit mit dem Thema:

Beratungsmodelle für die pädagogische Praxis

Ulrike Roppelt

Gliederung

1 Einleitung

Jede pädagogische Situation und Interaktion enthält die Aspekte der Vermittlung, der Diagnose und der Beratung in dem Sinne, dass mittels Sprache dem jeweils anderen geholfen bzw. dass bei ihm etwas bewirkt werden soll (Pallasch 1990). Das hierbei geforderte 'schnelle' Handeln erschwert es dem Praktiker jedoch häufig, fachlich fundiert und planvoll-intentional zu beraten, zu entscheiden und zu handeln. So ist das berufliche Verhalten nicht selten Resultat einer subjektiven Alltagstheorie, welche die Eckpunkte des pädagogischen Vorgehens markiert, jedoch nur begrenzt verbalisierbar und somit überprüfbar ist. Eine theoriegeleitete Handlungskompetenz setzt vom Pädagogen dagegen ein hohes Maß an Auseinandersetzung mit der eigenen Person und der Erkundung der Theorie pädagogischer Beratung voraus.

In der vorliegenden Arbeit werden zentrale Grundsätze eines Beratungsansatzes aufgezeigt, welche den theoretischen Grundstock für das praktische Handeln bilden können. Letztendliches Ziel eines fachlich fundierten Beratungsverständnisses für die pädagogische Praxis ist, dem Pädagogen ein Instrument an die Hand geben, mit welchem er seine Handlungs-, und Entscheidungskompetenz im beruflichen Alltag erweitern und gleichzeitig theoretisch begründet vertreten kann. Die vorliegende Arbeit bezieht sich vor allem auf Beratungsansätze von Pallasch (1990), Weber (2000) sowie Egan (1996), welche gemeinsame theoretische Bezugspunkte (*Gesprächspsychotherapie*) für sich in Anspruch nehmen und sich durch ihre Praxisnähe in der (sozial-)pädagogischen Arbeit bereits bewährt haben.

2 Grundlagen der Gesprächspsychotherapie

Um dem Risiko einer 'seelenlosen Technik' entgegenzuwirken, setzt die erfolgreiche Umsetzung eines Beratungsmodells im beruflichen Alltag sowohl die innere Akzeptanz seines Theoriegerüstes als auch die seines Menschenbildes voraus. Aus diesem Grund wird in den nachfolgenden Ausführungen zunächst auf einige wesentliche Aspekte der Gesprächspsychotherapie in dem Maße eingegangen, wie es für ein Verständnis der angeführten Beratungskonzepte notwendig erscheint[1].

2.1 Einordnung des klientenzentrierten Ansatzes

Aus der Kritik an der Psychoanalyse und dem Behaviorismus, den beiden lange Zeit vorherrschenden Denkmodellen, entwickelten sich etwa ab den 60er Jahren unter dem Oberbegriff 'Humanistische Psychologie' verschiedene Ansätze, welche sich von den

---

[1] Eine wissenschaftlich vollständige Darstellung einschließlich des philosophischen Hintergrundes und der zentralen Ansätze der Humanistischen Psychologie würde den Rahmen dieser Arbeit sprengen.

damaligen therapeutischen Vorgehensweisen zu distanzieren versuchten. Ausgehend von einem humanistischen Menschenbild entfalteten sie sich als sog. 'Dritte Kraft' in Abgrenzung zu den vorherrschenden Denkmodellen mit ihrem positivistischen Wissenschaftsverständnis und ihrem analog zur naturwissenschaftlichen Denkweise verstandenen Menschenbild. Während die beiden etablierten Konzepte den Menschen entweder als ein im Wesentlichen durch innere triebhafte (*Psychoanalyse*) oder vornehmlich durch äußere verhaltensformende (*Behaviorismus*) Faktoren determiniertes Wesen betrachteten, richtete sich die Aufmerksamkeit der humanistischen Ansätze auf ein anderes Verständnis vom 'Mensch'. Sie betonen 'Aspekte wie Autonomie und soziale Interdependenz, Intentionalität und Sinnorientierung, Selbstverwirklichung sowie Ganzheit und Integrität' (Pallasch 1990, S. 18). Zu den bedeutendsten humanistischen Ansätzen im Bereich der Psychologie gehört sicherlich die Gesprächspsychotherapie, die von C.R. Rogers konzipiert wurde[2].

Die *Gesprächspsychotherapie* ist zunächst von C.R. Rogers entwickelt und immer wieder modifiziert worden. In den 40er Jahren wurde sie als nicht-direktive Beratung generiert. Im Gegensatz zur psychoanalytischen Vorgehensweise wird dem Klienten hierbei keine eindeutige linear-kausale Ursache-Wirkungsproblematik von Seiten des Therapeuten unterstellt, 'die ihn in seiner Entfaltungs- und Befreiungsbemühung von vornherein definitiv einschränken würde' (Pallasch 1990, S. 19). Vielmehr ist es das Anliegen des 'non-directive' Beraters, dem Klienten ein Setting zu bieten, in dem er sich sicher und geborgen fühlen sowie seine eigenen Entdeckungen machen und Entscheidungen treffen kann und somit frei von jedem Dirigismus ist.

In den 50er und 60er Jahren wurde der Ansatz von Rogers zur *'Klientenzentrierten Gesprächspsychotherapie'* erweitert. Die Aufgabe des Gesprächspsychotherapeuten besteht vor allem darin, dem 'Klienten zu einer höheren Selbstwahrnehmung und Reflexion der eigenen Gefühlswelt zu verhelfen' (Pallasch 1990, S. 19). Hierfür wird die Realisierung der drei Basisvariablen in der therapeutischen Beziehung als notwendige und hinreichende Bedingung angesehen. Rogers (1990, S. 23) konkretisiert die drei Einstellungen, welche er aufgrund von Forschungsbefunden für den Erfolg einer Therapie für ausschlaggebend hält, als '1. die Echtheit oder Kongruenz des Therapeuten; 2. das vollständige und bedingungsfreie Akzeptieren des Klienten seitens des Therapeuten und 3. ein sensibles und präzises einfühlendes Verstehen des Klienten seitens des Therapeuten'. Im deutschsprachigen Raum wurde die Gesprächspsychotherapie vor allem durch das Ehepaar Tausch & Tausch (1973) vertreten und weiterentwickelt. Als Konsequenz aus den damals bereits formulierten Zweifeln, ob die drei Basisvariablen als hinreichend für einen therapeutischen Prozess zu

---

[2] Als weitere zentrale humanistisch-orientierte Ansätze können in diesem Zusammenhang außerdem die Gestalttherapie (F. Perls), das Psychodrama (J. Morenos), die Bioenergetik (A. Lowen), die Logotherapie (V. Frankel) und die Themenzentrierte Interaktion (R. Cohn) genannt werden.

betrachten sind, wurden seitdem durch die Integration von weiteren Therapievariablen die angenommenen 'Defizite' der Gesprächstherapie auszugleichen versucht sowie zahlreiche Weiterentwicklungen konzipiert.

2.2 Das Menschenbild

Das Menschenbild der Gesprächspsychotherapie kann in verkürzter Form anhand von einigen zentralen Aspekten dargestellt werden. Prinzipiell geht dieser humanistische Ansatz von der Annahme aus, dass jedem Individuum ein Streben nach Unabhängigkeit, Eigenverantwortlichkeit, persönlicher Entfaltung und ganzheitlichem Wachstum innewohnt (Pallasch 1990, S. 197). Konkret bedeutet dies, dass jeder Mensch selbst erkennen kann, was für ihn am besten ist und er aus diesem Grunde für seine Selbstentfaltung keine Manipulation von außen benötigt. Diese grundsätzlich positive Sichtweise vom Menschen vertraut demnach darauf, dass jeder die Kompetenzen und die Energie besitzt, 'sein Leben nach seinen Vorstellungen zu gestalten und die auftretenden Probleme und Schwierigkeiten konstruktiv zu bewältigen' (Pallasch 1990, S. 197). Das menschliche Wesen beschreibt Rogers anhand zweier Grundmodelle, in welchen er die Wahrnehmung und Verarbeitung von Erlebnissen und Erfahrungen erläutert.

• *Selbstaktualisierungstendenz*

Unter Selbstaktualisierungstendenz versteht Rogers das angeborene Streben jedes Menschen, sich in der aktiven Auseinandersetzung mit der eigenen Person und seinen Umweltbedingungen konstruktiv in Richtung auf Selbstverwirklichung und Unabhängigkeit zu entfalten. Weiterhin wird davon ausgegangen, dass jeder Mensch bestimmte Zielvorstellungen entfaltet und seinem Leben Sinn gibt. Diese 'individuellen Orientierungen kann kein Außenstehender vollständig erschließen, sie müssen vom Individuum selbst erkannt und benannt werden (Pallasch 1990, S. 197).

• *Selbstkonzept*

Bereits von Geburt an entwickelt der Mensch eine Vorstellung von sich als Person. Dieses Selbstkonzept als das durch Erfahrungen gestaltete Bild, das ein Mensch von sich hat, bedeutet für das Individuum einen Orientierungspunkt, an welchem es sein Tun und Handeln ausrichtet. Auch wenn es nicht zu jedem Zeitpunkt im Leben aktiv wahrgenommen wird, ist das Selbstkonzept dem Bewusstsein prinzipiell zugänglich. Der skizzierten Aktualisierungstendenz entsprechend unterliegt dieses persönliche Konzept einem permanenten Wandel, innerhalb dessen es jedoch 'in jedem Augenblick als Einheit vorhanden ist' (Pallasch 1990, S. 22). Weiterhin beinhaltet das Selbstkonzept die Tendenz, sich starr aufrecht zu erhalten. Als ständiger Bezugspunkt prägt es zudem die Wahrnehmung und Bewertung der eigenen Person und der Umwelt und somit den internen Orientierungsrahmen, durch den sich die '*subjektive Realität*' eines Menschen entfaltet.

2.3 Der therapeutische Prozess

Aus den genannten Grundannahmen zum Menschenbild der Gesprächspsychotherapie ergeben sich bestimmte Vorstellungen zum Therapieprozess. Zunächst wird davon ausgegangen, dass dem einzelnen Menschen in der Auseinandersetzung mit der gesellschaftlichen Realität immer wieder Situationen begegnen, in welchen er an seine Grenzen stößt, sich mit seinen Gedanken 'im Kreise dreht' und einfach nicht mehr weiter weiß. Solange alle Körper- und Sinneserfahrungen dem Bewusstsein zugänglich sind und sich problemlos in das Selbstkonzept integrieren lassen, befindet sich der Mensch in einem seelischen Gleichgewicht, einem Zustand, den Rogers als 'fully functioning person' (Rogers 1990, S. 39) bezeichnet. Diese *'Kongruenz'* bedeutet, dass inneres Erleben (Fühlen) und Bewusstsein (kognitive Wahrnehmung) miteinander harmonieren und die Kommunikation des Individuums in sich widerspruchsfrei ist.

Schwierig wird es dagegen, wenn sich Probleme über längere Zeit manifestieren und sich entstandene Blockaden verfestigen. Da der Mensch die Tendenz hat, das 'Vorhandene (und damit auch das Selbstkonzept) nicht kritisch zu überprüfen und starr aufrecht zu erhalten, kommt es häufig zu der Reaktion, dass das Individuum zentrale Erlebnisse nicht in sein Selbstkonzept integriert und sie möglicherweise verleugnet. Dies führt in der Regel zu einem seelischen Ungleichgewicht, einer Diskrepanz zwischen dem eigentlichen Erleben und dem bewussten Wahrnehmen. In diesem Zustand der *Inkongruenz* erlebt der Mensch dann psychische Spannungen, d.h. sein Verhalten, sein inneres Erleben und sein Bewusstsein widersprechen einander. Die 'Blockade zwischen innerem Erleben und Bewusstsein, die darin besteht, dass Teile des gefühlsmäßigen Erlebens durch gelernte Verhaltensweisen verdrängt oder mit dem Kopf verarbeitet werden, führt in der Folge auch zu einer in sich widersprüchlichen Kommunikation' (Pallasch 1990, S. 199).

Ansatzpunkt therapeutischen Handelns ist demnach der vom Menschen wahrgenommene Zustand der Inkongruenz. Das seelische Gleichgewicht kann dann wieder hergestellt werden, wenn sich der Klient mit der von ihm erlebten Diskrepanz aktiv auseinandersetzt. Aus den skizzierten Grundsätzen der Gesprächspsychotherapie leiten sich konkrete Bedingungen des *therapeutischen Prozesses* ab, der dem Klienten dazu verhelfen soll, vom Zustand der Inkongruenz zu dem der Kongruenz zu gelangen.

Für das Therapeutenverhalten ergeben sich hieraus zentrale Grundsätze (vgl. Pallasch 1990, S. 197f.):

• Der Klient bietet während des Gesprächs *kommunikative Äußerungen* an, welche sich sowohl auf verbaler als auch auf non-verbaler Ebene erfassen lassen und das Produkt seiner aktiven Auseinandersetzung mit seinem Erleben und bewusstem Selbstkonzept darstellen. Gleichzeitig äußert er auf direktem oder indirektem Wege Gefühle als Ausdruck der subjektiven Bedeutung von Erfahrungen und Erlebnissen. Für diese 'Botschaften' des

Klienten muss der Therapeut sensibel sein.

• Während der Gesprächssituation muss die *'Selbstverantwortung* als Ausdruck des Strebens nach persönlicher Weiterentwicklung berücksichtigt werden, so dass das therapeutische Vorgehen sich immer an der Person des Klienten ausrichten muss und nicht problem- oder methodenorientiert sein darf' (Pallasch 1990, S. 198).

• Weiterhin muss davon ausgegangen werden, dass jeder Klient ständig *individuelle Lösungsversuche* unternimmt und sinnvolle Lösungen entwickeln kann, um seine Diskrepanzen zu bewältigen. Die Hilfe einer therapeutischen Sitzung kann sich deshalb nur auf das Schaffen und Bereitstellen von günstigen, die subjektive Perspektive des Klienten fördernden Bedingungen und situativen Voraussetzungen beschränken.

Therapie in diesem Sinne ist demnach ein erfahrungsbezogenes, interaktives Handlungskonzept und kein externes Analyse- und Behandlungsverfahren des Therapeuten.

2.4 Die therapeutischen Grundhaltungen

Da die direkte persönliche Beziehung zwischen dem Therapeut und dem Klient als ausschlaggebend für den therapeutischen Prozess betrachtet wird, muss den drei Basisvariablen des Therapeuten (Kongruenz, Akzeptanz und Empathie) eine besondere Bedeutung zugeschrieben werden. Angelpunkt ist demnach die Vorstellung, dass eine überzeugende Vermittlung dieser Grundhaltungen die für den Erfolg der Therapie wichtigen, konstruktiven Veränderungen innerhalb der Persönlichkeit des Klienten bewirken. Therapie wird in diesem Sinne 'nur als Sonderfall konstruktiver zwischenmenschlicher Beziehungen angesehen' (Pallasch 1990, S. 200). Um ein Klima zu schaffen, das es dem im Zustand der Inkongruenz befindlichen Individuum ermöglicht, die von ihm verzerrt symbolisierten bzw. verdrängten Erfahrungen wahrzunehmen und damit einhergehend sein Selbstkonzept zu verändern, müssen die folgenden drei Grundhaltungen vom Therapeuten realisiert werden.

• **Kongruenz (Echtheit)**

> *'Je mehr der Therapeut in der Beziehung (zum Klienten) er selbst ist, jemand, der keine professionelle Front oder persönliche Fassade aufrichtet, um so größer ist die Wahrscheinlichkeit, dass der Klient in konstruktiver Weise sich verändern und wachsen wird' (Rogers 1990, S. 30).*

Die Kongruenz wird als die zentralste und zugleich die am schwierigsten zu verwirklichende Grundhaltung verstanden. Das Gesprächsverhalten des Therapeuten muss 'echt, transparent und darf nicht künstlich aufgesetzt sein' (Pallasch 1990, S. 200). Konkret heißt dies, dass er seine inneren und äußeren Wahrnehmungen bewusst wahrzunehmen hat, er dabei die eigenen Möglichkeiten, Bedürfnisse, Grenzen und Vorurteile akzeptiert und sie gegebenenfalls mitteilen kann (vgl. Weber 2000, S. 118f.). Des weiteren muss das Verhältnis zum Klienten und das Setting des therapeutischen Gespräches geklärt sein, d.h. der Therapeut 'muss eine

Einheit in seiner Persönlichkeit und seinem professionellen Rollenverhalten bilden' (Pallasch 1990, S. 200).

• Akzeptanz (bedingungsfreie Wertschätzung)

> *'Dies bedeutet, dass therapeutische Bewegung oder Veränderung wahrscheinlicher ist, wenn der Therapeut eine positive, akzeptierende Einstellung erleben kann gegenüber dem, was der Klient zu diesem Zeitpunkt ist. Eingeschlossen ist die Bereitschaft des Therapeuten, dem Klienten zugewandt zu sein, welches unmittelbare Gefühl auch immer präsent ist' (Rogers 1990, S. 27).*

Diese Grundhaltung impliziert die Fähigkeit, dem Klienten grundlegend positiv entgegen zu treten und ihn ohne Vorbedingung anzunehmen. Dies bedeutet jedoch nicht, dass der Therapeut alle Gedanken, Emotionen und Handlungen des Klienten gutheißen muss. Es ist jedoch wichtig, den Klienten als Person zu achten und ihn so vorurteilsfrei wie möglich in seiner individuellen Erlebniswelt wahrzunehmen und zu respektieren (vgl. Weber 2000, S. 107f.). Dabei ist es wichtig, dass der Therapeut sich während der Gesprächssituation ganz auf die 'Person und die Inhalte des Klienten konzentriert, dessen Gedanken, Gefühle und Verhaltensweisen nicht bewertet und ihm gegenüber eine 'leichtgläubige' Haltung einnimmt' (Pallasch 1990., S. 201).

• Empathie (einfühlendes Verstehen)

> *'Es bedeutet, dass der Therapeut genau die Gefühle und persönlichen Bedeutungen, die der Klient erlebt, spürt, und dass er dieses Verstehen dem Klienten mitteilt. Wenn dies in größtmöglicher Weise gelingt, ist der Therapeut so sehr innerhalb der privaten Welt des anderen, dass er nicht nur die Bedeutungen klären kann, derer sich der Klient bewusst ist, sondern sogar jene, die sich gerade eben unter dem Bewusstseinsniveau befinden' (Rogers 1990, S. 23).*

Empathie im Therapieprozess bedeutet das Bemühen, die Erlebnisse und Gefühle des Klienten und deren persönlichen Sinn präzise und sensibel zu erfassen (Weber 2000, S. 68f.). Von besonderer Bedeutung ist es hierbei, dass der Therapeut neben den verbalen auch die nonverbalen Symbolisierungen von Gedanken und Gefühlen berücksichtigt und die wahrgenommenen emotionalen Erlebnisinhalte in ihrer Bedeutung für den Klienten mitteilt. Einfühlendes Verstehen bedeutet für den Therapeuten jedoch gleichzeitig, sich eine gewisse kritische Distanz zu wahren.

2.5 Kritische Positionen zur Gesprächspsychotherapie

In der fachlichen Auseinandersetzung finden sich eine ganze Reihe von unterschiedlichen Positionen zum Einsatz und zur Wirkung von humanistisch orientierten Therapieansätzen. Wenngleich Rogers und andere Autoren der wissenschaftlich-empirischen Fundierung der Gesprächspsychotherapie und ihrer grundlegenden Variablen große Bedeutung beimessen,

wird von Kritikern immer wieder betont, dass es sich hierbei um keine Theorie im streng wissenschaftlichen Sinne handelt (Weinberger 1980, S. 89). So ist etwa die zentrale Annahme der dem menschlichen Individuum angeborenen Aktualisierungstendenz kaum empirisch überprüfbar (Pallasch 1990, S. 26). Weiterhin wird kritisiert, dass die Bedeutung der Interaktion mit der sozialen Umwelt für die Persönlichkeitsentwicklung in dem Maße reduziert wird, dass lediglich Aspekte Berücksichtigung finden, die die menschliche Entfaltung negativ beeinflussen - ausgeklammert bleibt dagegen die Möglichkeit, dass neben 'destruktiven auch konstruktive Verhaltensweisen das Ergebnis sozialer Lernvorgänge sein können' (Pallasch 1990, S. 27). Weiterhin besteht ein großes Manko der Gesprächspsychotherapie darin, dass sie als Therapietheorie keinerlei Erklärungen zur Wirkweise und Wirkrichtung therapeutischer Interventionen formuliert. Auf diese Weise nimmt sie sich die theoretisch fundierte Basis, um präzise Diagnosen und Vorhersagen zu erstellen, die 'zielgerichtete therapeutische Interventionen im Hinblick auf konkrete Veränderungen im Klienten ermöglichen' (Pallasch 1990, S. 27).

Rückt man das von Rogers vielfach beschriebene und für den Erfolg einer Therapie erforderliche Therapeutenverhalten in den Mittelpunkt der Diskussion, so kristallisieren sich weitere Kritikpunkte an den Grundlagen der Gesprächspsychotherapie heraus. Verschiedene Studien weisen darauf hin, dass die 'Realisierung der drei Basisvariablen Kongruenz, Akzeptanz und Empathie durch den Therapeuten allein nicht hinreichend ist für eine positive Veränderung des Klienten im therapeutischen Prozess' (Pallasch 1990, S. 27)[3]. Diesen und anderen kritischen Anmerkungen müssen sich sicherlich auch die aktuellen Vertreter der Gesprächspsychotherapie bei ihrer theoretischen Weiterentwicklung des Ansatzes stellen.

Insgesamt kann jedoch davon ausgegangen werden, dass die Gesprächspsychotherapie in ihren Grundaussagen eine tragfähige Basis für mannigfaltige *Beratungskonzeptionen* im pädagogisch-therapeutischen Bereich bietet. Hierbei scheint es jedoch erforderlich, in die Konzeptionen von Beratungsmodellen auch Aspekte anderer Therapieformen zu integrieren, um die bereits aufgezeigten Defizite auszugleichen. Generell geht es somit weniger um eine unter wissenschaftlichen Gesichtspunkten lupenreine und in sich stringente neue Therapietheorie, sondern vielmehr darum, unter pragmatischen Gesichtspunkten für die pädagogisch-therapeutische Praxis ein handhabbares Handlungsinstrument zu entwickeln.

---

[3] Das Therapeutenverhalten sollte unter anderem zusätzlich die drei Grundprinzipien Verbalisierung, Konkretheit und Konfrontation einbeziehen (Lasogga 1986, S. 47; zitiert nach Pallasch 1990, S. 27) - Aspekte, welche von den nachfolgend vorgestellten Beratungsansätzen in der Regel aufgegriffen und in viele Gesprächsmodelle integriert wurden.

3 Pädagogisch-therapeutische Beratung

In der wissenschaftlichen Diskussion wird seit vielen Jahren um eindeutige Positionen bei der Legitimation bzw. Abgrenzung des pädagogischen Terrains vom psychotherapeutischen Arbeitsbereich gerungen. Dass die Differenzen zwischen dem therapeutischen und pädagogischen Bereich so vehement betont werden, lässt sich jedoch eher mit dem stark ausgeprägten Konkurrenzverhältnis zwischen den Berufsfeldern begründen, als dass es sich aus der Realität und den Bedürfnissen der Klienten ableitet. Während es auf der definitorischen Theorieebene noch gelingen mag, eine einigermaßen klare Trennlinie zwischen den beiden Fachgebieten (Psychologie und Pädagogik) zu ziehen, konfrontiert die Praxis Pädagogen häufig mit Situationen und Anforderungen, die von ihnen auch ein gewisses Maß an therapeutischer Handlungskompetenz verlangen. Gerade für den pädagogisch-therapeutischen Schnittpunkt müssen deshalb interdisziplinäre Modelle konzipiert werden, d.h. Beratungsansätze, welche speziell auf die Praxis von Pädagogen zugeschnitten sind. In diesem Zusammenhang soll auf drei Konzepte verwiesen werden, welche dem genannten Anspruch der pädagogischen Praxis nachkommen und als theoretischen Angelpunkt die Grundlagen der humanistischen Psychologie sowie die skizzierte Basis der Gesprächspsychotherapie begreifen. Im Folgenden werden ausgewählte Aspekte dieser pädagogisch-therapeutischen Beratungsmodelle von Pallasch (1990), Egan (1996) und Weber (2000) vorgestellt.

3.1 Grundlagen für pädagogisch-therapeutische Beratungskonzepte

Um als Pädagoge in Gesprächssituationen einen sinnvollen Beitrag zur Problemlösung für den Klienten leisten zu können, ist eine professionelle Beratungskompetenz unabdingbar. Pallasch (1990, S. 29) geht von der Annahme aus, dass pädagogisches Handeln auch therapeutische Prozesse mit umfasst und entfaltet auf dieser Basis die Grundpfeiler eines 'pädagogisch-therapeutischen Arbeitsbereichs'. Pädagogen müssen demnach bemüht sein, 'im Spannungsfeld zwischen der gesellschaftlich bedingten Lern- und Erziehungsbedürftigkeit und der Förderung von Eigenverantwortlichkeit und Selbstbestimmung des Einzelnen für ihre Aufgabe im vortherapeutischen Feld Position zu beziehen' (Pallasch 1990, S. 29). Nur auf diese Weise scheint es möglich, fixierte fachspezifische Strukturen und Vorgehensweisen aufzulösen, ohne pädagogische Zielvorstellungen aus dem Blick zu verlieren. Einer Sichtweise von Pädagogik als lenkender Maßnahme, mit deren Hilfe das 'noch nicht entwickelte, unfähige oder beeinträchtigte Individuum neue und problematische Situationen besser bewältigen kann', also ein Angewiesensein des Menschen auf Fremdbestimmung, schafft dagegen starre Einordnungs- und Denkmuster (Pallasch 1990, S. 29). Der alltäglichen Praxis, d.h. den Interessen und Bedürfnissen der einzelnen Individuen, wird es dagegen kaum gerecht.

Um den Problemstellungen, die sich bei der Umsetzung pädagogischer Zielvorstellungen im

beruflichen Alltag präsentieren, gewachsen zu sein, formuliert Pallasch (1990, S. 32) die Forderung 'nach einer inhaltlichen Verschränkung der Bereiche 'Pädagogik' und 'Therapie', ohne dass die formale und institutionelle Trennung dieser Fachdisziplinen sofort in Frage gestellt werden soll'. Ausgangspunkt für ein Konzept einer pädagogisch-therapeutischen Beratung ist demnach die These, dass therapeutische und pädagogische Vorgänge in ihrem Wesenskern gleich sind, indem 'die handelnden Personen andere in ihrem Lernen und bei der Entwicklung ihrer Persönlichkeit fördern' (Pallasch 1990, S. 32). Bildung, Erziehung, Beratung und Therapie stehen in diesem Verständnis dem pädagogisch Handelnden als sinnvermittelnde bzw. sinnstiftende Prozesse zur Verfügung.

3.2 Pädagogisch-therapeutische Gesprächsmodelle

Der formulierte interdisziplinär orientierte Blickwinkel wirft die Frage nach den konzeptionellen Eckdaten eines pädagogisch-therapeutischen Beratungskonzeptes auf, welche an dieser Stelle in Anlehnung an Pallasch (1990, S. 33ff.) knapp zusammengefasst werden:

• *Interventionen*

Das an übergeordneten, erzieherischen Zielen orientierte Handeln des Pädagogen wird in den entwickelten Ansätzen 'um konkrete Interventionsmaßnahmen- und methoden aus dem therapeutischen Bereich erweitert und eröffnet dem Handelnden neue Möglichkeiten, angemessener in bestimmte Situationen auf die Hilfesuchenden mit ihren individuellen Problemen eingehen zu können' (Pallasch 1990, S. 33).

• *Eigenverantwortlichkeit und Selbstbestimmung*

Auf der Basis der humanistischen Therapiemodelle eröffnen sich für das pädagogische Handeln neue Perspektiven, welchen mehrere Schlüsselfunktionen zugeschrieben werden müssen. Im Gegensatz zu den in der 'Pädagogik spezielle Beachtung findenden interpersonalen Interaktionsprozessen und der damit verbundenen gesellschaftlichen Verantwortung des Handelnden' werden in den humanistisch-therapeutisch orientierten Konzepten weitere zentrale Prinzipien hervorgehoben: Gemeint ist die 'Eigenverantwortlichkeit des Individuums', die 'Förderung und Entwicklung innerer individueller Bewertungsmaßstäbe' sowie die 'Kongruenz des pädagogisch Tätigen' (Pallasch 1990, S. 34).

• *Ganzheitliche Identitätsentwicklung*

In der Verschmelzung von pädagogischen mit therapeutischen Aspekten kann der Begriff der Identitätsfindung umfassender und ganzheitlicher begriffen werden. Auf diese Weise kann eine Verknüpfung der Grundannahmen des 'Symbolischen Interaktionismus' und der humanistisch orientierten Gesprächspsychotherapie gelingen (Pallasch 1990, S. 35).

Nachfolgende Tabelle gibt abschließend einen Überblick über ausgewählte humanistisch

orientierte *Beratungsansätze*, die sich generell auf die Gesprächspsychotherapie von C.R. Rogers berufen, in ihre Modelle jedoch auch weitere Interventionstechniken integrieren.

Humanistisch orientierte Beratungsansätze

• Familienkonferenz (Gordon 1970)

• Nicht-direktives Beratungsgespräch (Mucchielli 1972)

• Praxis der Gesprächspsychotherapie (Minsel 1974)

• Anleitung zum sozialen Lernen (Schwäbisch & Siems 1974)

• Wege zum helfenden Gespräch (*Weber* 1974)

• Helfen durch Gespräch (*Egan* 1975)

• Miteinander reden: Störungen und Klärungen (Schulz von Thun 1977)• Klientenzentrierte Gesprächsführung (Weinberger 1980)

• Pädagogisches Gesprächstraining (*Pallasch* 1987)

Tabelle 1: Überblick über humanistisch orientierte Beratungsansätze

Pädagogisch-therapeutische Beratungsmodelle bieten dem Pädagogen für seine Praxis ein konkretes diagnostisches, wahrnehmungs- und handlungsorientiertes Handwerkszeug für entsprechende Gesprächssituationen. Als Grundpfeiler der unterschiedlichen Gesprächskonzepte können die kongruente Persönlichkeit des Pädagogen, die interdisziplinäre Ausrichtung der Ansätze sowie die konkreten Interventionstechniken für die praktische Arbeit mit Hilfesuchenden bzw. Klienten genannt werden.

4 Der pädagogisch-therapeutische Beratungsprozess

In den Mittelpunkt der Aufmerksamkeit sollen nun die kommunikativen Grundprinzipien sowie zentrale Überlegungen zum Aufbau eines pädagogisch-therapeutischen Beratungsgesprächs rücken.

4.1 Das Beratungsziel

Ziel einer pädagogisch-therapeutischen Beratung ist, den Klienten zu befähigen, blockierte Erfahrungen und Gefühle wahrzunehmen und sich zunehmend mit den Inkongruenzen zwischen seinem inneren Erleben und Bewusstsein auseinanderzusetzen. In diesem Prozess kommt den beschriebenen Grundhaltungen des Beraters (*Wertschätzung, Empathie, Kongruenz*) eine besondere Bedeutung zu. Im Mittelpunkt des Gesprächs steht demnach die soziale Interaktion und verbale Kommunikation zwischen Berater und Hilfesuchendem. Dem Klient soll auf diese Weise ermöglicht werden, seine Verhaltens- und Erlebnisweisen zu verändern und sich so zu entwickeln, dass er sowohl die gegenwärtigen Schwierigkeiten als auch später auftretende Probleme selbstverantwortlich bewältigt.

Nach Weber (1986, S. 28f.) wird der Klient in der Beratung

• 'aufmerksam und geduldig angehört,

• bedingungslos angenommen und ernstgenommen (mit schwierigen Gedanken, positiven und negativen Gefühlen)

• mit Einfühlungsvermögen verstanden in seinen Erlebnissen und Wünschen, Emotionen und Triebregungen, so dass ein freies und offenes Reden möglich wird,

• befähigt, sich selber und seine Umwelt besser wahrzunehmen und auf diese Weise neue und produktive Lösungen zu erkennen,

• angeregt zu einer entspannten Haltung und Angstverminderung,

• mit der Möglichkeit konfrontiert, seine Konflikte selber zu erkennen und zu lösen,

• auf seinem Weg begleitet mit aktivem Bemühen und verantwortungsvollem Engagement,• vor die Möglichkeit gestellt zur Selbstbejahung und Selbstvertrauen, zu Selbständigkeit und Freiheit zu finden'.

Dagegen sollte auf jeden Fall vermieden werden, dass der Berater den Klienten nach einem allgemeinen (weltanschaulichen) Schema behandelt, ihn ungeduldig bedient, moralisch bewertet oder mit Ratschlägen, Forderungen und Befehlen in die Enge treibt (Weber 1986, S. 29). Denn ein solches Vorgehen würde nach Weber (1986, S. 29) nur zu oberflächlichen und kurzfristigen Lösungen führen bzw. würden darüber hinaus Unterdrückung und Verdrängung, Abhängigkeit und Unfreiheit entstehen.

4.2 Stufen und Schritte der Beratung

'Biete dem Menschen eine Beziehung, in der er sich ganz frei mit seinen Problemen auseinander setzen kann; hilf ihm dann, das Problem objektiv zu sehen und die Notwendigkeit zu handeln zu begreifen; hilf ihm schließlich zu handeln.' (Egan 1984, S. 13)

Der Beratungsprozess wird von Egan (1996, S. 24ff.) in drei Stufen und neuen Schritten gegliedert, welche die Grundstruktur einer pädagogisch-therapeutischen Gesprächssituation ('helping process') vorzeichnen und im folgenden in aller Kürze skizziert werden[4]. Die neun Schritte des Modells stellen konkrete Handlungsweisen dar, mit denen - dem genannten Beratungsziel entsprechend - versucht wird, den Klienten darin zu unterstützen, seine Schwierigkeiten zu lösen und ungenutzte Potentiale seiner Person oder seines Umfeldes zu aktivieren.

1. Stufe: Den IST-Zustand erforschen

Erst wenn ein Klient seine Problemlage erkennt und sie versteht, kann er sich mit ihr

---

[4]
    Ein ähnlicher Aufbau des Beratungsprozesses wird bei Pallasch (1990, S. 61ff.) implizit durch die Auswahl und den Aufbau seiner 'Beratungsbausteine' vertreten.

auseinander setzen und ungenutzte Möglichkeiten entwickeln.

1. Schritt: Die Klienten ermutigen, über sich zu berichten.

Im ersten Schritt geht es in der Regel darum, dass der Hilfesuchende seine Problemlage darlegt. Um diesem Grundbedürfnis gerecht zu werden, muss der Berater ein *Repertoire an Verhaltens- und Kommunikationsfertigkeiten* entwickeln, dass ihn befähigt, Klienten zu helfen, ihre Probleme zu offenbaren und ihre ungenutzten Fähigkeiten zu wecken. Er sollte dabei Hilfestellung bieten, damit Klienten selbst herausfinden, was in ihrem Leben falsch läuft *und* was richtig läuft.

2. Schritt: *Den Klienten helfen, sich auf ihre wichtigen Anliegen zu konzentrieren.*

Das bedeutet, den Klienten zu unterstützen, seine eigentlichen Interessen zu entdecken, zu analysieren und zu klären. Effektive Berater helfen Klienten vor allem an den zentralen Problemen zu arbeiten, die für ihr Leben eine Schlüsselfunktion (*Fokussierung*) haben. Der Klient soll in dieser Phase weiterhin ermutigt werden, über seine Probleme auch in Form von konkreten Erfahrungen, Verhaltensweisen und Gefühlen zu sprechen.

3. Schritt: *Den Klienten bei der Entwicklung neuer Perspektiven helfen.*

Bei diesem Schritt steht die Intention im Vordergrund, *blinde Flecken* des Klienten zu bearbeiten, so dass er sich selbst, seine Interessen und den Kontext seiner Interessen objektiver wahrnehmen kann. Das befähigt die Klienten, sowohl ihre Probleme und ungenutzten Möglichkeiten klarer zu sehen als auch zu erkennen, wie sie sich ihr Leben wünschen.

2. Stufe: Einen SOLL-Zustand entwickeln

Wenn Klienten erst einmal ihre Problemlagen oder Entwicklungsmöglichkeiten besser verstehen, werden sie möglicherweise Hilfe brauchen, um festzustellen, was sie gerne ändern würden. Sie müssen einen SOLL-Zustand entwerfen, das Bild einer besseren Zukunft.

4. Schritt: Ein Zukunftbild entwerfen

Da der IST-Zustand in der Regel inakzeptabel ist, muss dem Klienten in diesem Gesprächsabschnitt geholfen werden, eine neue Lebensperspektive zu entwickeln. Das *Zukunftbild* stellt für den Klienten ein mögliches Ziel dar.

5. Schritt: Zukunftbilder bewerten

Die *Bewertung der Zukunftsbilder* kann als das Thema des fünften Schrittes betrachtet werden. Wenn Zielvorstellungen zu Handlungen führen sollen, müssen sie klar sein, spezifisch, realistisch und mit der Problemsituation in Bezug stehen. Darüber hinaus müssen sie in Einklang mit den Wertvorstellungen des Klienten stehen und in einem vernünftigen Zeitraum realisierbar sein.

6. Schritt: Ziele auswählen und zum Engagement ermutigen

Manche Klienten brauchen Hilfe, damit sie die *Ziele verbindlich wählen* und sich für diese einsetzen können. Der Berater ist allerdings nicht für das Engagement der Klienten verantwortlich, doch er kann ihnen auf der Suche nach Anreizen sich zu engagieren behilflich sein.

3. Stufe: Den SOLL-Zustand in die Realität umsetzen

Schließlich müssen Klienten etwas unternehmen, um ihre Probleme im Leben in den Griff zu bekommen und ungenutzte Potentiale zu entwickeln. Das Zukunftsbild, in konkreten und realistischen Zielen formuliert, gibt an, *was* der Klient erreichen will. Doch wird der Klient Hilfestellung benötigen. Der Berater muss ihm zeigen, *wie* er diese Ziele erreichen kann.

7. Schritt: Handlungsstrategien entwickeln

Dem pädagogisch-therapeutischen Berater kommt im siebten Schritt die Aufgabe zu, den Klienten bei der Entdeckung einer Vielzahl von *Wegen und Mitteln* zur Erreichung seiner Ziele zu begleiten. Oft sehen Klienten nur einen Weg, um ihr Ziel zu erreichen und der Berater muss Hilfen anbieten um diese Fixierungen zu lösen.

8. Schritt: Einen Plan formulieren

Wenn den Klienten erst einmal zu einer Entscheidung über Strategien verholfen wurde, die zu ihrem Wesen, ihren Möglichkeiten und ihrer Umgebung am besten passen, dann müssen Sie diese Vorgehensweise in einem *Plan zusammenfassen*. Die konkret formulierten Aspekte dieses Plans geben genau darüber Auskunft, was der Klient wann zu tun hat.

9. Schritt: Handlung - die Ausführung des Plans

Klienten brauchen oft sowohl die Unterstützung als auch die Herausforderung des Helfers, um Pläne in die Tat umzusetzen. Berater können den Klienten in der Abschlussphase besonders darin unterstützen, seine eigenen Fortschritte zu *überwachen*.

Der Beratungsprozess verläuft in der pädagogischen Praxis in der Regel sicherlich nicht so geradlinig und kompakt, wie er in den einzelnen Stufen und Schritten des Modells skizziert wurde. Effiziente Berater setzen demnach jeweils dort an, wo immer der Klient es braucht.

5   Prinzipien der pädagogisch-therapeutischen Beratung

Zum therapeutischen Gespräch gehört nach Rogers, dass der Berater sich auf den Partner bzw. Klienten zentriert und konzentriert, denn das 'Zentrum des therapeutischen Prozesses liegt tatsächlich im Klienten selbst, dessen inneres Erleben Tempo und Richtung der therapeutischen Beziehung bestimmt' (Rogers 1990, S. 59). Ein pädagogisch-therapeutisches

Gespräch verlangt vom Berater demnach ein hohes Maß an Selbstwahrnehmung und Selbstkontrolle seines kommunikativen Verhaltens.

Damit der Unterstützungsprozess gelingen kann, muss vom Berater in der Interaktion mit dem Klienten zum einen die Verwirklichung der basalen Grundhaltungen (Empathie, Kongruenz, Akzeptanz) angestrebt werden. Des weiteren führen Weber (2000) und Pallasch (1990) eine Reihe von zentralen Prinzipien und Fertigkeiten aus, welche sich aus dem dargelegten Konzept der Gesprächspsychotherapie für die Beratungssituation ableiten lassen und in einem pädagogisch-therapeutischen Gespräch Berücksichtigung finden müssen.

5.1 Systematisches Zuhören

Zum helfenden Gespräch und insgesamt zum pädagogisch-therapeutischen Handeln gehört vor allem, dass der Berater ein 'systematisches Zuhören' praktiziert, d.h. dass er 'ganz Ohr' sein muss und den Gesprächspartner sowohl hörend als auch sehend, verstehend und mitfühlend begleitet. Dieses Zuhören erfordert vom beratenden Pädagogen ein Höchstmaß an Konzentration und ist nach Weber (2000, S. 59) 'keineswegs ein passives und einfaches Verhalten, sondern verlangt viel Engagement und Aktivität, viel *Mit*fühlen, *Mit*denken und *Mit*suchen'.

Ein systematisches Zuhören bedeutet demnach

• Partnerschaft, d.h. Verzicht auf einen autoritär-dirigistischen Gesprächsstil,

• Zentrierung auf den Gesprächspartner, d.h. Verzicht auf Egozentrik und Eigenwilligkeit,

• Selbständigkeit und Selbsttätigkeit für den Gesprächspartner und

• Annehmen und Wertschätzen des Partners, d.h. Verzicht auf positive oder negative Wertungen.

Während der Berater dem Klienten geduldig zuhört, muss er an sich selbst überprüfen, welche Inhalte er relativ schnell speichert bzw. welche Inhalte des Gesprächs ihm verlorengehen. Diese Überprüfung verdeutlicht die Gefahr des *'Selektionsmechanismus'* (Pallasch 1990, S. 62), bei welchem bestimmte Informationen im Gespräch bevorzugt, andere kaum wahrgenommen werden. Diesen Mechanismus kann der Berater für sich selbst überprüfen, denn das, was er vom Hilfesuchenden als das 'Wesentliche, das Wichtige oder das Entscheidende heraushört, muss nicht die (Haupt-)Intention des Klienten sein' (Pallasch 1990, S. 62). Die Aufgabe des pädagogisch-therapeutischen Beraters ist es demnach, die Absicht der aktuellen Mitteilung des Gesprächspartners zu erfassen. Da die Schilderung des Klienten nicht immer logisch aufgebaut ist, muss sich der beratende Pädagoge sehr stark auf den vorgetragenen Inhalt konzentrieren, um die vielen Informationen zu speichern. In geeigneten Momenten soll der Berater dann dem Hilfesuchenden das Gesagte kurz und präzise wiedergeben, um festzustellen, ob er alles richtig verstanden hat.

5.2 Verbalisierung und einfühlendes Spiegeln

Im Rahmen von professionellen Gesprächen wird der Berater häufig mit einer unstrukturierten und zum Teil widersprüchlichen Darstellung des Problems konfrontiert. Dies ist nichts Ungewöhnliches, denn der Klient fühlt sich möglicherweise durch seine Schwierigkeiten belastet, hat deren eigentlichen Kern für sich noch nicht erkannt und versucht, mit Hilfe des Gesprächspartners zu einer Klärung zu gelangen. Daraus leitet sich die Aufgabe des pädagogisch-therapeutischen Beraters ab, sich zunächst durch systematisches, aktives Zuhören 'in die Person des Klienten hineinzuversetzen, dessen Sichtweise nachzuvollziehen und auf diese Weise dessen inneren Bezugsrahmen zu erfassen' (Pallasch 1990, S. 81). Indem der beratende Pädagoge auf die verbalen und nonverbalen Äußerungen des Hilfesuchenden eingeht und sie mit seinen eigenen Formulierungen wiedergibt, hat dieser die Chance, eine konkretere und präzisere Erfassung seines Problems zu erreichen. Zur Unterstützung des Hilfsprozesses ist es demnach von großer Wichtigkeit, dass der Berater die wahrgenommenen und von ihm als bedeutend eingeschätzten Inhalte, Gefühle und nonverbalen Signale im Gespräch wertfrei thematisiert, um dem Klienten eine offene Auseinandersetzung mit seiner eigenen Person in den individuellen Zusammenhängen zu ermöglichen.

In diesem Zusammenhang ist es wichtig, dass der Berater seine Gedanken in Aussageform äußert und die Interaktion nicht durch direkte Fragestellungen in eine spezifische Richtung bringt; nur so lässt er dem Klienten die Möglichkeit, frei Stellung zum Widergespiegelten zu nehmen. Über die bloße Beachtung des Inhalts der Äußerungen des Klienten hinaus ist es wichtig, dass der Berater auch die begleitenden emotionalen Anteile des Gesagten wahrnimmt und widerspiegelt. Beim Verbalisieren wird die emotionale Aussage des Hilfesuchenden durch die Worte des professionellen Gesprächspartners widergespiegelt und damit in das Bewusstsein des Klienten geholt; hierbei sollte jegliche Interpretation vermieden werden. Dieses als '*Verbalisierung emotionaler Erlebnisinhalte*' (Tausch 1970, S. 79ff.) bezeichnete Verhalten des Beraters verhilft dem Klienten letztendlich dazu, sich mit seinen oft unbewussten und teilweise verdrängten Gefühlen zu konfrontieren. Auf diese Weise wird das Gespräch von einer 'ausschließlich kognitiven, eventuell das Problem nur unzulänglich erfassenden, auf eine weitergehende, auch emotionale Aspekte berücksichtigende Ebene verlagert' (Pallasch 1990, S. 82). Dieser skizzierte Vorgang der 'Verbalisierung emotionaler Erlebnisinhalte' wird in der Praxis (Weber 2000, S. 69) auch häufig vereinfacht als 'Spiegeln' oder deutlicher als 'einfühlendes Spiegeln' bezeichnet.

Die gleichzeitige Überlagerung von unterschiedlichen Aspekten in einer Mitteilung (Sachinhaltsaspekt, Selbstoffenbarungsaspekt, Beziehungsaspekt, Appellaspekt[5]) machen die

---

[5] Nach der Theorie von Schulz von Thun (1992, S. 14ff.) beinhalten alle Mitteilungen, die ein Sprechender an einen Zuhörer richtet, in der Regel diese vier Aspekte.

Kommunikation im pädagogisch-therapeutischen Gespräch zu einem komplizierten und vielschichtigen Prozess, da dem Berater die Aufgabe zukommt, die Bedeutung der zentralen Aspekte in den Äußerungen des Klienten zu erfassen. Für die pädagogisch-therapeutische Gesprächssituation ist es somit weiterhin von grundlegender Bedeutung, dass der Berater auch auf die *nonverbalen* Signale seines Gegenübers achtet und sie gegebenenfalls anspricht, denn aus dem Zusammenhang mit dem Gesagten ergeben sich möglicherweise Wertigkeiten und Bedeutungen für den Klienten. Dem Hilfesuchenden wird damit wiederum die Chance eröffnet, die Aussage in ihren emotionalen Bezugsrahmen einzuordnen bzw. den Grad der Bedeutung besser wahrzunehmen.

5.3 Abstraktion und Konkretion

Als eine weitere grundlegende Fähigkeit des pädagogisch-therapeutischen Beraters gilt das 'Konkretisieren' von Gesprächsinhalten. Hierbei muss er versuchen, den Klienten bei den konkreten Erfahrungen, Erlebnissen und Gefühlen, die im Zusammenhang mit der angesprochenen Problematik stehen, zu halten, um 'ein Abschweifen in ein *Über-das-Problem-reden* zu verhindern' (Pallasch 1990, S. 203). In diesem Zusammenhang ist es wichtig, die aktuellen Empfindungen bzw. konkret erlebten Erfahrungen und Situationen des Hilfesuchenden im Gesprächsverlauf in Bezug zu seinen Schwierigkeiten zu setzen. Unter Berücksichtigung der persönlichen Bedingungen und Optionen des Klienten ermöglicht diese 'Konkretheit im Gespräch eine direkte, fassbare Bearbeitung des Problems und hält den Klienten dazu an, nicht immer wieder vor seinen Problemen wegzulaufen' (Pallasch 1990, S. 203). In Kooperation mit dem Hilfesuchenden versucht der pädagogische Berater demnach, eine allgemeine und abstrakte Aussage in eine Form zu kleiden, die die individuelle Person und den konkreten Alltag des Klienten trifft und zwar im 'Hier und Jetzt'. Die für das Erlebnis bedeutsamen Umstände sollen dabei möglichst genau, der Bedeutung entsprechend, im Präsens beschrieben werden; so können die aktuellen und wichtigen Gefühle artikuliert und in den für den Klienten relevanten Bezugsrahmen eingeordnet werden.

Häufig werden im Laufe eines Gespräches verschiedene Situationsbeschreibungen vom Klienten konkret ausgeführt, mit welchen er seine Problematik verdeutlichen möchte. Auf die jeweiligen Erlebnisse bezogen erläutert er dabei seine Reaktionsweisen, die zunächst zwar unterschiedlich erscheinen, welchen häufig jedoch ein ähnliches oder gleiches Reaktionsmuster zugrunde liegt. Stellt sich im Beratungsprozess heraus, dass die konkreten Situationsbeschreibungen für den Hilfesuchenden typisch sind, so lassen sich daran in der Regel persönlichkeitsspezifische Verhaltensmuster und Grundstrukturen des Handelns genauer erkennen und analysieren. Auf diese Weise können 'Ursachenzusammenhänge, die außerhalb der erläuterten Situation begründet sind, leichter an dieser erkannt und angesprochen werden' (Pallasch 1990, S. 113).

5.4 Strukturierung des Beratungsgesprächs

Dem pädagogisch-therapeutischen Berater kommt im Gespräch die Aufgabe zu, sich und seinem Gesprächspartner die Grundstruktur der Aussagen deutlich bewusst zu machen. Das Gespräch erhält seine Strukturierung vor allem durch die Gefühle, Wünsche und Bewertungen des Klienten, aber ebenso durch einzelne Stichwörter (*Reizwörter*), Schlüsselsätze und Hauptfragen sowie schließlich noch durch Bruchstellen und Pausen im Gesprächsverlauf (Weber 2000, S. 171). Gemeinsam mit dem Hilfesuchenden müssen diese Fakten erkannt und an den passenden Stellen des Beratungsprozesses zum Thema gemacht werden. Oft ist es hierbei sinnvoll, zum Abschluss der Beratungssitzung die Gesamtstruktur des Gesprächs transparent zu machen und mögliche Ansatzpunkte für die nächste Beratungsstunde herauszukristallisieren.

Weber (2000, S. 171) führt in diesem Zusammenhang mehrere Gründe an, welche für eine Strukturierung des Beratungsgespräches sprechen:

• Durch strukturelle Systematisierung wird die Fülle der Gesprächsinhalte überschaubar und durchsichtig, weil nur die wesentlichen Gesprächselemente aufgenommen werden.

• Diese relevanten Aspekte werden, indem sie der Berater wiederholend ausspricht, festgehalten und verstärkt.

• Im Zug der Strukturierung wird geordnet, was zusammengehört. Wenn nötig, können neue Zusammenhänge und eine Neuordnung angestrebt werden.

• Indem der Berater wichtige Punkte rekapituliert, zeigt er dem Gesprächspartner, ob er behalten und verstanden hat, was gesagt wurde.

Falls es Gesprächspartner und -situation erlauben, sollte sich der pädagogisch-therapeutische Berater demnach während bzw. nach dem Gespräch stichwortartige Notizen machen.

5.5 Gefahren und Störungen im Gespräch

In Situationen, in denen ein Hilfesuchender konkrete Begleitung während der Bewältigung seiner Schwierigkeiten erwartet, ist es nicht immer leicht, angemessen und hilfreich zu reagieren. Für die pädagogisch-therapeutische Gesprächssituation lassen sich aus den alltäglichen Erfahrungen in der Praxis mit verschiedenen Klienten und deren persönlichen Problemkreisen demnach spezifische Verhaltensweisen aufzeigen, die für den Gesprächsprozess in den meisten Fällen ungünstig sind. Diese 'Gesprächskiller' haben die Tendenz, weiterführende Gespräche zwischen Berater und Hilfesuchendem zu behindern oder gar zu blockieren und den pädagogisch-therapeutischen Verlauf teilweise oder völlig zu unterbinden. Meist führt dieses 'störende Verhalten beim Klienten zu dem Gefühl, dass nicht auf ihn eingegangen wird, so dass er sich nicht angenommen und verstanden fühlt' (Pallasch 1990, S. 76). Weiterhin besteht im Gespräch die Gefahr, dass eine Richtung eingeschlagen wird, die nicht mehr durch die Bedürfnisse und Interessen des Klienten bestimmt ist.

Dringend notwendig ist es aus diesem Grunde, dass sich der pädagogisch-therapeutische Berater dieser Störungsquellen bewusst wird, sie als Gefahr für sich erkennt und vermeidet. Weber (2000, S. 37f.) und Pallasch (1990, S. 77f.) thematisieren in diesem Zusammenhang in Form von 'Lasterkatalogen' wichtige Gesichtspunkte, welche in nachfolgender Tabelle kurz beschrieben werden.

'Gesprächsstörer'

Verhaltensweise	kurze Beschreibung
Dirigieren	Ratschläge, Mahnungen oder Befehle aussprechen, fertige Lösungen vorlegen, zu Überredung oder Manipulation greifen
Debattieren	Streitgespräche führen, rechthaberisch den eigenen Standpunkt vertreten
Dogmatisieren	Aussagen von unanfragbarer Autorität verbreiten, Lehrsätze aus Theologie und Psychologie, Lebenserfahrung und Volksweisheit
Diagnostizieren	schnell und verallgemeinernd und endgültig eine Diagnose aussprechen, so dass der Klient seine individuelle Freiheit verliert
Interpretieren	eigenwillig und subjektiv auslegen, Dinge hineintragen oder herauslesen, die nicht wirklich angesprochen sind
Generalisieren	ein allgemeines Schema anwenden und so die Allgemeinheit gegen das Individuum ausspielen, zu unzulässigen Verallgemeinerungen greifen
Bagatellisieren	ein Problem oder Gefühl des Gesprächspartners herunterspielen und als geringfügig ansprechen
Moralisieren	negative oder positive Werturteile aussprechen
Monologisieren	viel und langatmig reden und dabei den anderen aus den Augen verlieren
Emigrieren	innerlich oder äußerlich 'auswandern' und abschalten, abwehren, gleichgültig sein
Rationalisieren	in einseitiger Weise logisch-intellektuell vorgehen und dabei die Gefühlswelt missachten
Projizieren	eigene Erfahrungen, Gedanken und Gefühle auf den Gesprächspartner übertragen, von subjektiven Erfahrungen auf den anderen schließen
Sich identifizieren	in der Welt des Partners aufgehen, die nötige Distanz verlieren
Sich fixieren	sich selbst auf bestimmte Rollen festlegen oder sich vom Gesprächspartner eine feste Rolle zuschieben lassen
Abstrahieren	abstrakt und allgemein reden, wissenschaftliche Fachsprache benützen
Examinieren	ausfragen, zu viel fragen, aushorchen, verhören
Externalisieren	Randprobleme zur Sprache bringen und dem Gesprächspartner zurückspiegeln
Umfunktionieren	den Partner unterbrechen und das Gespräch gegen seinen Willen in eine bestimmte Richtung lenken

Tabelle: *Zusammenschau der Gesprächsstörer nach Weber (2000, S. 37f.)*

6   Beratungskonzepte in der pädagogischen Praxis

Als Grund für die viel diskutierte Frustration von 'hilflosen' oder 'ausgebrannten' Pädagogen wird häufig die Kluft zwischen Theorie und Praxis gesehen, d.h. die Diskrepanz zwischen den Versprechungen von Theorien, die den pädagogischen Berufen zugrunde liegen, und der Möglichkeit, den Anforderungen im beruflichen Alltag nachzukommen. Wenn praktisches Handeln nicht erfolgreich ist, wird das oft der Theorie angelastet. Eine Folge davon ist die Abkehr von Praktikern von der theoretischen Basis und Wissenschaft oder ihr Rückzug auf die Anwendung von subjektiven Theorien. Gerade in diesem Spannungsfeld zwischen pädagogischer Theorie und beruflicher Praxis ist es demnach entscheidend, dem Pädagogen praxisnahe und handlungsorientierte Konzepte als 'Handwerkszeug' für seinen beruflichen Alltag zur Verfügung zu stellen. Hierbei kann auf die knapp skizzierten pädagogisch-therapeutischen Beratungsmodelle zurückgegriffen werden, welche sich sowohl auf eine theoretische Basis stützen als auch konkret für die Anforderungen der pädagogischen Praxis zugeschnitten sind. Nachdem die Grundlagen der pädagogisch-therapeutischen Beratungsmodelle in der vorliegenden Arbeit bereits skizziert wurden, soll nun abschließend ein Blick auf die Vorzüge und die Anwendbarkeit dieser Gesprächskonzepte in der pädagogischen Praxis geworfen werden.

6.1 Attraktivität von pädagogisch-therapeutischen Beratungsansätzen

Die Attraktivität von pädagogisch-therapeutischen Beratungsmodellen stützt sich auf mannigfaltige Erklärungsstränge, welche sich sowohl auf das Rollenverständnis des pädagogischen Beraters als auch auf die Person des Klienten in der pädagogischen Praxis richten (Biermann-Ratjen et al. 1992, S. 142f.).

Die vorgestellten pädagogisch-therapeutischen Beratungskonzepte

· entsprechen mit der Annahme einer prinzipiellen Gleichheit aller Menschen in Bezug auf seine Entwicklungsmöglichkeiten und der Vorstellung der Eigenverantwortlichkeit des Individuums dem *Menschenbild* einer sich als demokratisch verstehenden Gesellschaft.

· konzentrieren sich primär auf den Rat suchenden Menschen und erst an zweiter Stelle auf das Problem, dessentwegen der Hilfesuchende kommt - insofern sind sie humanistisch.

· sind *wissenschaftlich fundiert*, d.h. orientieren sich an 'harten' empirischen Forschungsergebnissen (gesprächstherapeutische Ansätze, kommunikationstheoretische und sozialpsychologische Forschung).

· beschreiben die *Grenzen der Verantwortung* des Beratenden und nehmen ihm damit den Druck, sich über die Maßen engagieren zu müssen bzw. die Angst, dass er sich unrechtmäßig in das Leben des Klienten einmischen könnte.

· sind als Grundmodell der Gesprächsführung auch von anderen Berufsgruppen (Verhaltenstherapeuten und Psychoanalytikern) weitgehend *akzeptiert*.

· bieten im 'Wirrwarr' der Methodendiskussion und der daraus resultierenden Verunsicherung im konkreten Handeln ein relativ leicht zu erlernendes *übergreifendes Handlungsmodell* und entlasten damit von diagnostisch-therapeutischen Überlegungen, die nicht nur als überfordernd, sondern oft auch als unmoralisch angesehen werden.

· lassen die eigene Hilflosigkeit gegenüber der Problemvielfalt von Klienten durch Bezug auf deren *Eigenverantwortlichkeit* teilweise überwinden.

· bieten die Grundlage, die *Qualität* des eigenen Beratungsverhaltens anhand der dem Konzept immanenten Gütekriterien auch ohne eingetretenen Erfolg *einzuschätzen*.

· es kennt keine grundsätzliche Trennung zwischen 'normalen' und 'gestörten' Individuen und hat damit auch *außerhalb des psychotherapeutischen Bereichs* Daseinsberechtigung.

· kommen den *Autonomiebestrebungen* von Menschen entgegen und helfen Abhängigkeiten des Hilfesuchenden zu vermeiden.

· fördern einen *angstfreien Umgang* mit dem eigenen Erleben und lassen beim Klienten ein Gefühl für 'ICH' entstehen.

· können beim Hilfesuchenden das Gefühl des *Verstanden-Seins* bewirken und eine 'Ruhepause' bedeuten, in der das Selbstkonzept nicht gegen Angriffe von innen wie von außen verteidigt werden muss.

· bauen beim Berater *Schranken* auf, seine Werte und Lösungen für allein angemessen zu halten.

6.2 Anwendung von pädagogisch-therapeutischen Beratungsmodellen

Bei der Anwendung von pädagogisch-therapeutischen Modellen muss jeweils immer die 'Indikationsfrage' geklärt sein, d.h. es muss unterschieden werden zwischen einem psychotherapeutischen Vorgehen (Gesprächspsychotherapie) und dem Bemühen um eine aktive klientenzentrierte Beratungshaltung gegenüber einem konkreten Klienten in einer konkreten Situation. Anders als beim Psychotherapeuten steht beim pädagogischen Handeln demnach nicht die 'therapeutische Beziehung' im Mittelpunkt, sondern in der Regel ein klarer institutioneller Auftrag.

Als Voraussetzung für den Erfolg von pädagogisch-therapeutischen Beratungsmodellen gilt generell die 'Beziehungsfähigkeit' sowie eine gewisse Kommunikationskompetenz des Hilfesuchenden. So ist der Einsatz dieser Beratungskonzepte besonders geeignet bei Personen mit emotionalen Konflikten (Unsicherheit, Angstneurosen, Insuffizienzgefühle, geringes Selbstwertgefühl, Wahrnehmungsverzerrung), bei ängstlichen und gehemmten Klienten mit einem negativen Selbstkonzept sowie bei Hilfesuchenden, welche unter Charakterneurosen bzw. Zwängen leiden (Biermann-Ratjen et al. 1992, S. 134ff.). Dagegen sollte das Beratungsinstrument bei anderen Problemkreisen wie etwa psychosomatischen Erkrankungen, Suchterkrankungen oder Phobiekern nur in Kombination mit anderen

Verfahren zum Einsatz kommen - hier sind dem pädagogisch-therapeutischen Ansatz klare Grenzen gesteckt. Wenig geeignet scheint der Ansatz aufgrund seiner Konzeption als gesprächs- und beziehungsorientiertes Beratungsmodell weiterhin bei Problemkreisen, die durch massive äußere Überforderungen gekennzeichnet sind, bei psychischen Erkrankungen (psychopathisches Verhalten, Psychosen, Schizophrenie) sowie anderen gesundheitlichen Beeinträchtigungen (Biemann-Ratjen 1992, S. 134).

Aufgrund der genannten Ausschlusskriterien kann die pädagogisch-therapeutische Beratung demnach in erster Linie als *Wahrnehmungsinstrument* und nicht als therapeutisches Instrument begriffen werden. Das bedeutet, dass die Beratung in der pädagogischen Praxis kein Instrument darstellen darf, das durch Eingabe bestimmter Techniken beim Klienten zur Beseitigung bestimmter Symptome führt. Sie beschreibt vielmehr einen Prozess, ohne dass sie angibt, welche konkreten Änderungen zu erwarten sind. Es geht hierbei häufig nicht darum, *wie* der Hilfesuchende etwas schafft, sondern *was* ihn daran hindert, etwas zu tun - das heißt, dass es letztendlich um das verschlüsselte Wirken seiner von ihm selbst nicht akzeptierten Wünsche geht. Das pädagogisch-therapeutische Konzept unterstützt den Klienten dabei, die Bedeutung des Problems für ihn zugänglich zu machen und damit Wege zu adäquaten Lösungsmöglichkeiten zu öffnen, indem diese Wünsche verstanden und akzeptiert werden. Somit ist es für den Pädagogen besonders als 'Wahrnehmungsinstrument' für das Treffen von Entscheidungen von großer Bedeutung, weil es ihn dabei unterstützt, herauszufinden, was der Klient eigentlich will.

Eine pädagogisch-therapeutische Gesprächs- und Beratungskompetenz kann den Pädagogen in seinem beruflichen Tun 'neue' Wege eröffnen, im Rahmen von schwierigen Interaktionen und pädagogischen Situationen verantwortlich handeln zu können: Als Wahrnehmungsinstrument versetzt es ihn zum einen in die Lage, den jeweiligen Problemträger in seiner Situation besser zu verstehen und differenzierter wahrzunehmen. Auf diese Weise ist es ihm möglich, auf pädagogisch-therapeutischer Ebene gezielt Maßnahmen zu ergreifen oder aber die eigenen Kompetenzgrenzen zu erkennen und der spezifischen Problemlage entsprechend an andere Experten weiterzuempfehlen. Pädagogisch-therapeutische Beratungsmodelle erweitern zum anderen auch die pädagogische Handlungskompetenz, weil es dem Praktiker für pädagogisch schwierige Situationen ein bewährtes sprachliches Instrument an die Hand gibt, um entsprechend seinem pädagogischen Auftrag sinnvoll intervenieren zu können.

Beratungsmodelle für die pädagogische Praxis

Literaturverzeichnis

Biermann-Ratjen, Eva-Maria et al. (1992): Gesprächspsychotherapie, Verändern durch Verstehen, Kohlhammer Verlag, Berlin 1992

Egan, Gerard (1996): Helfen durch Gespräch, Ein Trainingsbuch für helfende Berufe, Beltz Verlag, Weinheim 1996

Pallasch, Waldemar (1990): Pädagogisches Gesprächstraining, Lern- und Trainingsprogramm zur Vermittlung therapeutischer Gesprächs- und Beratungskompetenz, Juventa Verlag, München 1990

Rogers, Carl R. (1990): Therapeut und Klient, Grundlagen der Gesprächspsychotherapie, Fischer Taschenbuch Verlag, Frankfurt a.M 1990

Schulz von Thun, Friedemann (1992): Miteinander Reden (1), Störungen und Klärungen, Allgemeine Psychologie der Kommunikation, Rowohlt Verlag, Reinbek 1992

Weber, Wilfried (2000). Wege zum helfenden Gespräch, Gesprächspsychotherapie in der Praxis, Ernst Reinhardt Verlag, München 2000

Tausch, R. (1970): Gesprächspsychotherapie, 4. Auflage, Göttingen 1970

Lightning Source UK Ltd.
Milton Keynes UK
UKHW04f1553251018
331198UK00002B/399/P